Impressum
Verlag: BABADADA GmbH, Nedderfeld 112 , 22529 Hamburg
Geschäftsführer / Verlagsleitung: Harald Hof
Druck: Books on Demand GmbH, In de Tarpen 42, 22848 Norderstedt

Imprint
Publisher: BABADADA GmbH, Nedderfeld 112 , 22529 Hamburg, Germany
Managing Director / Publishing direction: Harald Hof
Print: Books on Demand GmbH, In de Tarpen 42, 22848 Norderstedt, Germany

škola

școală

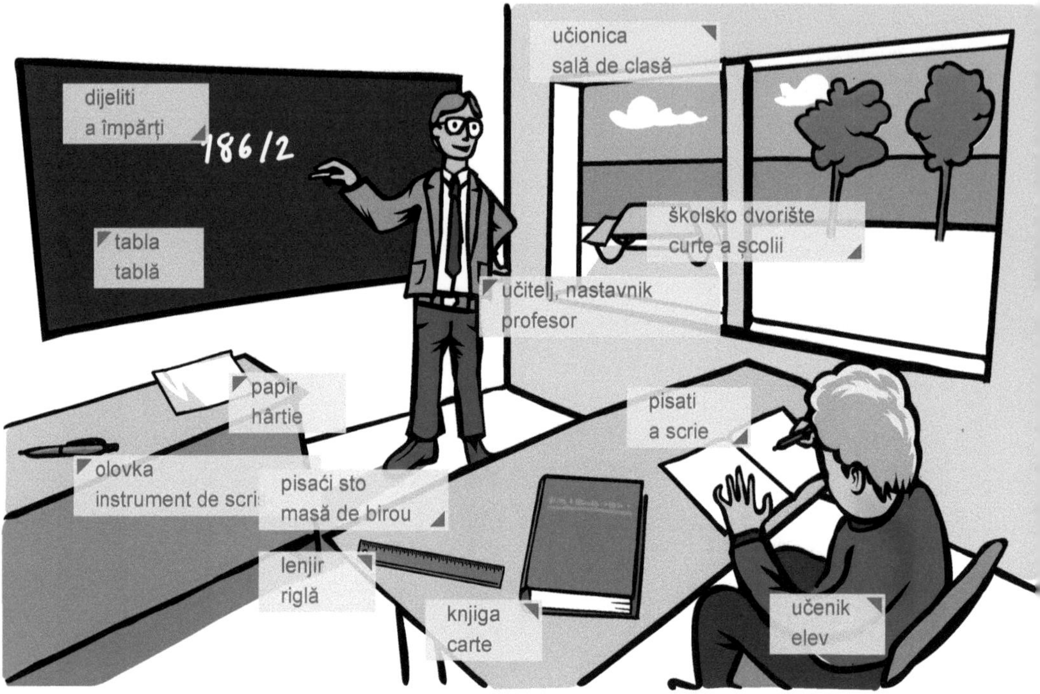
učionica
sală de clasă
dijeliti
a împărți
186/2
tabla
tablă
školsko dvorište
curte a școlii
učitelj, nastavnik
profesor
papir
hârtie
pisati
a scrie
olovka
instrument de scri
pisaći sto
masă de birou
lenjir
riglă
knjiga
carte
učenik
elev

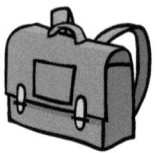

torba

ghiozdan

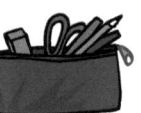

pernica

penar

drvena olovka

creion

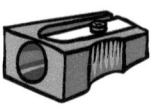

šiljalo za olovke

ascuțitoare

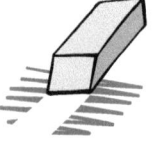

gumica

radieră

blok za crtanje

bloc de desen

crtež

desen

kist

pensulă

kutija s bojama

cutie de acuarele

makaze

foarfece

ljepilo

lipici

vježbanka

caiet de exerciții

domaća zadaća

temă

broj

număr

sabirati

a aduna

oduzimati

a scădea

množiti

a multiplica

računati

a calcula

slovo

literă

abeceda

alfabet

riječ

cuvânt

tekst
text

čitati
a citi

kreda
cretă

sat
oră

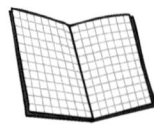

školski dnevnik
catalog

ispit
examen

svjedočanstvo
certificat

školska uniforma
uniformă școlară

izobrazba
educație

leksikon
enciclopedie

univerzitet
universitate

mikroskop
microscop

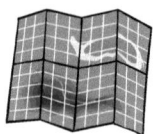

karta
hartă

korpa za papir
coș de gunoi

hotel
hotel

Grand

hostel
hostel

ROOMS

mjenjačnica
casă de schimb valutar

ECHANGE

kofer
valiză

auto
autovehicul

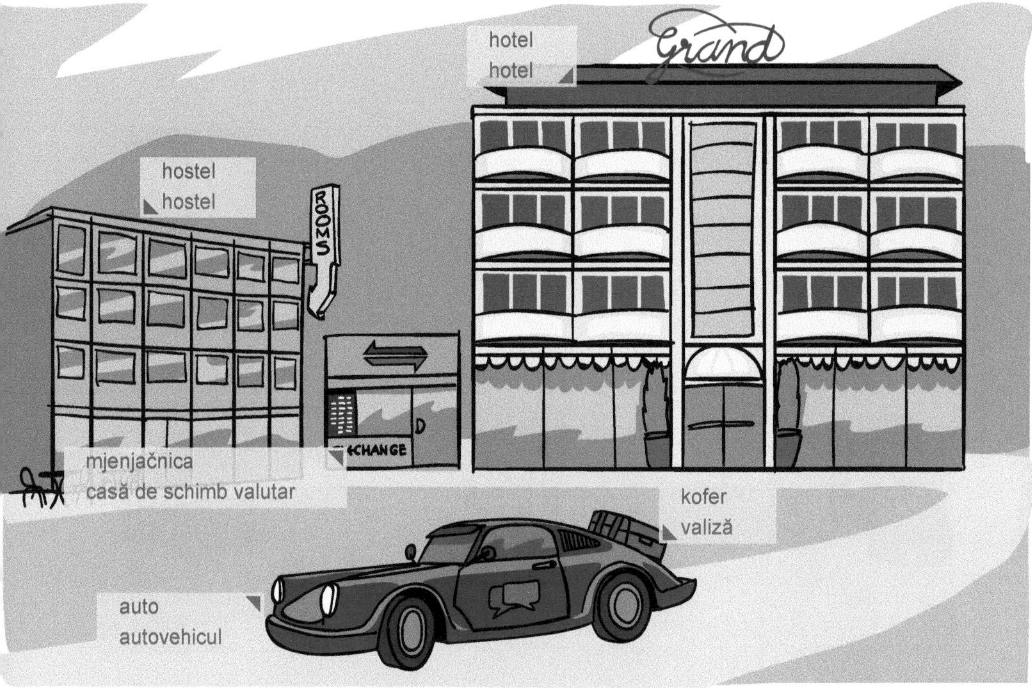

jezik
limbă

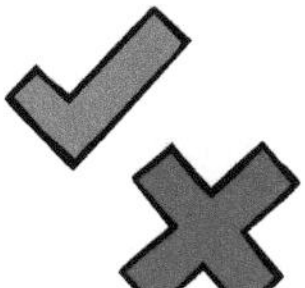

da / ne
da/nu

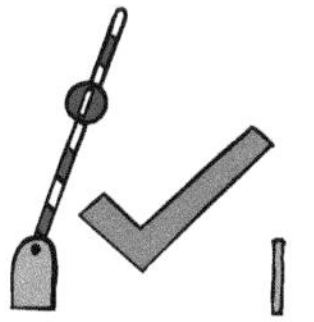

okej
okay

zdravo
Bună!

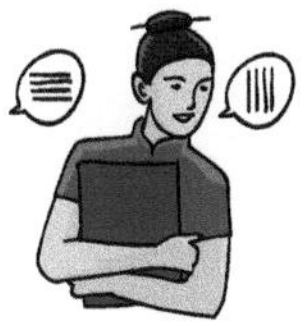

tumač
interpret

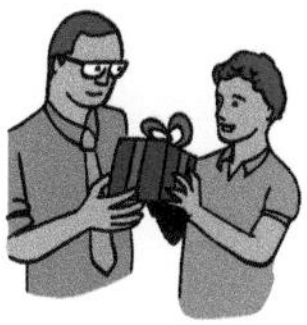

hvala
mulțumesc

Koliko košta...?

Cât costă...?

Ne razumijem

Nu înțeleg

problem

problemă

dobro veče!

Bună seara!

Dobro jutro!

Bună dimineața!

Laku noć!

Noapte bună!

doviđenja

la revedere

smjer

direcție

prtljag

bagaj

torba

geantă

ruksak

rucsac

gost

oaspete

soba

cameră

vreća za spavanje

sac de dormit

šator

cort

turističke informacije

punct de informare turistică

plaža

plajă

kreditna kartica

carte de credit

doručak

mic dejun

ručak

masa de prânz

večera

cină

putna karta

bilet de călătorie

lift

lift

poštanska markica

timbru poștal

granica

graniță

carina

vamă

ambasada

ambasadă

viza

viză

pasoš

pașaport

transport
transport

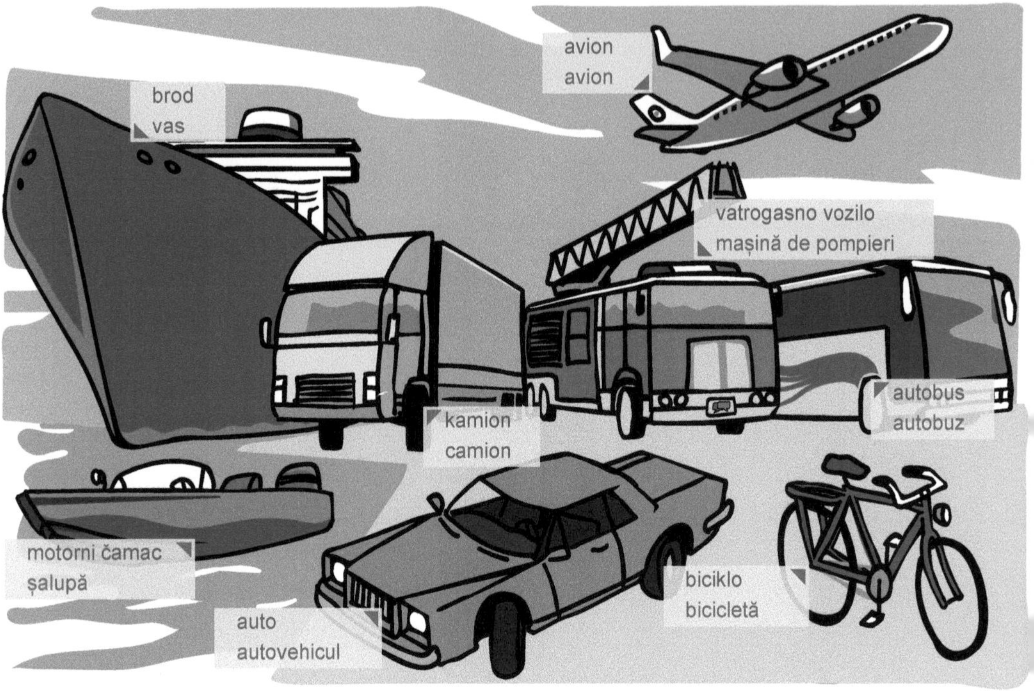
avion
avion
brod
vas
vatrogasno vozilo
mașină de pompieri
autobus
autobuz
kamion
camion
motorni čamac
șalupă
biciklo
bicicletă
auto
autovehicul

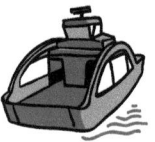

trajekt

feribot

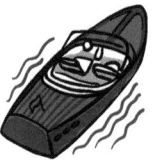

brod

barcă

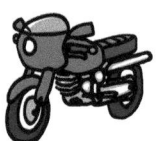

motocikl

motocicletă

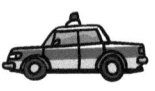

policijski automobil

mașină de poliție

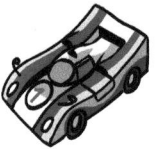

trkaći automobil

mașină de curse

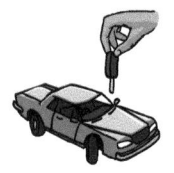

unajmljeni automobil

mașină închiriată

kar-šering

car sharing

pauk

mașină de tractat

smećarsko vozilo

mașină de gunoi

motor

motor

gorivo

combustibil

benzinska pumpa

benzinărie

saobraćajni znak

semn de circulație

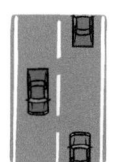

saobraćaj

trafic

zastoj

ambuteiaj

parking

parcare

željeznička stanica

gară

šine

șine

voz

tren

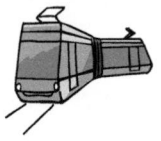

tramvaj

tramvai

vagon

vagon

helikopter
elicopter

aerodrom
aeroport

toranj
turn

putnik
pasager

kontejner
container

karton
carton

tačke
căruță

korpa
coș

poletjeti / sletjeti
a decola/a ateriza

grad

oraș

selo
sat

centar grada
centru

kuća
casă

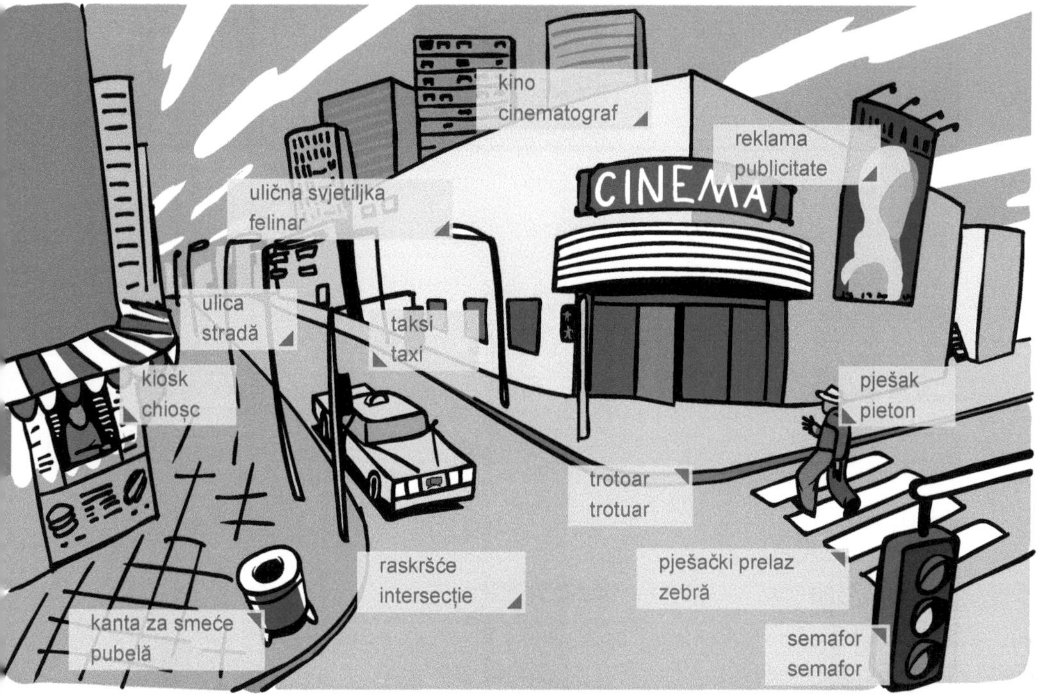

kino
cinematograf

reklama
publicitate

ulična svjetiljka
felinar

CINEMA

ulica
strada

taksi
taxi

kiosk
chiosc

pješak
pieton

trotoar
trotuar

raskršće
intersecție

pješački prelaz
zebră

kanta za smeće
pubelă

semafor
semafor

koliba
....
cabană

stan
....
apartament

željeznička stanica
....
gară

vjećnica
....
primărie

muzej
....
muzeu

škola
....
școală

univerzitet
universitate

banka
bancă

bolnica
spital

hotel
hotel

apoteka
farmacie

ured
birou

knjižara
librărie

radnja
magazin

cvjećara
florărie

supermarket
supermarket

pijaca
piață

robna kuća
magazin universal

prodavač ribe
comerciant de pește

trgovački centar
centru comercial

luka
port

park
parc

klupa
bancă

most
pod

stepenice
trepte

podzemna željeznica
metrou

tunel
tunel

autobuska stanica
stație de autobuz

bar
bar

restoran
restaurant

poštanski sandučić
cutie poștală

saobraćajni znak
tăbliță indicatoare cu
numele străzii

sat za naplatu parkinga
parcometru

zoološki vrt
grădină zoologică

bazen
piscină

džamija
moschee

seosko imanje
gospodărie țărănească

zagađenje okoline
poluare

groblje
cimitir

crkva
biserică

igralište
loc de joacă

hram
templu

krajolik
peisaj

list
frunză

putokaz
indicator

putokaz
drum

livada
pajiște

kamen
piatră

drvo
copac

putnik
drumeț

rijeka
râu

trava
iarbă

cvijet
floare

dolina
vale

brdo
deal

jezero
lac

šuma
pădure

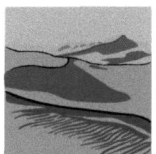

pustinja
deșert

vulkan
vulcan

dvorac
castel

duga
curcubeu

gljiva
ciupercă

palma
palmier

komarac
țânțar

muha
muscă

mrav
furnică

pčela
albină

pauk
păianjen

buba

gândac

žaba

broască

vjeverica

veveriță

jež

arici

zec

iepure

sova

bufniță

ptica

pasăre

labud

lebădă

divlja svinja

porc mistreț

jelen

cerb

los

elan

brana

dig

vjetrenjača

turbină eoliană

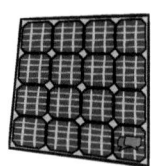

solarni modul

panou solar

klima

climă

restoran
restaurant

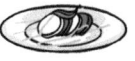

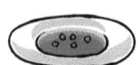

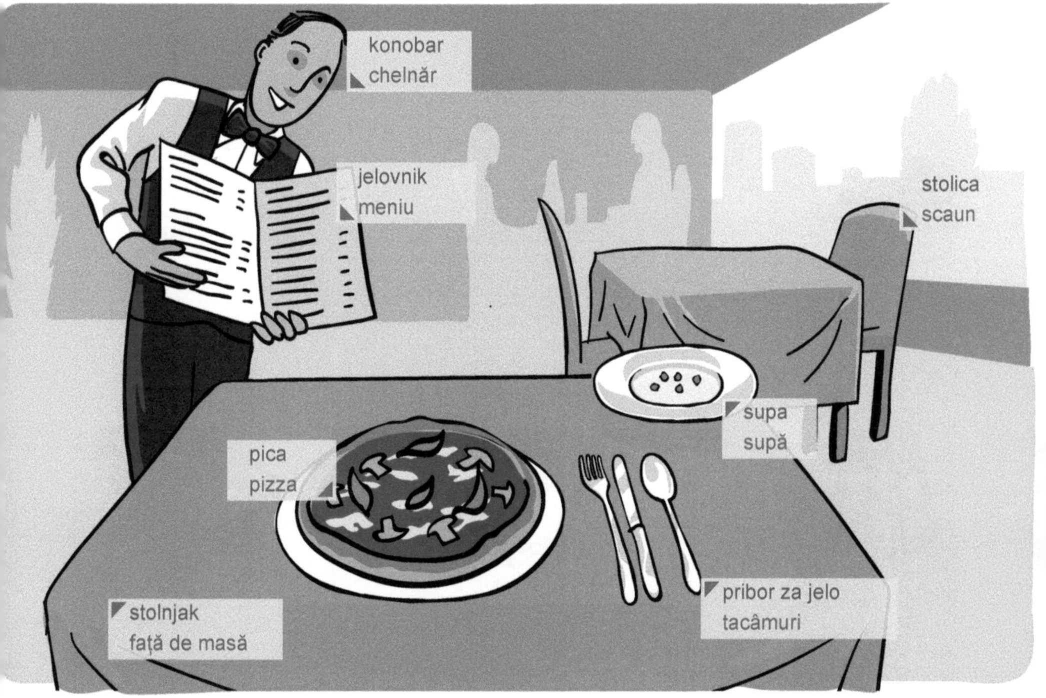
konobar
chelnăr
jelovnik
meniu
stolica
scaun
supa
supă
pica
pizza
stolnjak
față de masă
pribor za jelo
tacâmuri

predjelo

antreu

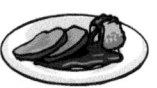

glavno jelo

fel principal

desert

desert

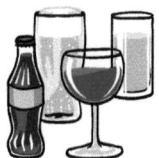

piće

băuturi

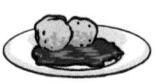

jelo

mâncare

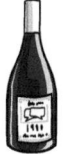

flaša

sticlă

brza hrana

fastfood

jelo sa ulice

streetfood

čajnik

ceainic

šećernica

zaharniță

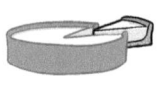

porcija

porție

mašina za espreso

espressor

barska stolica

scaun înalt (pentru copii)

račun

factură

tacna

tavă

nož

cuțit

viljuška

furculiță

kašika

lingură

kašičica

linguriță

salveta

șervețel

čaša

pahar

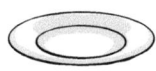

tanjir

farfurie

tanjir za supu

farfurie de supă

tanjurić

farfurie

sos

sos

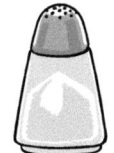

solanik

solniță

mlin za biber

râșniță de piper

sirće

oțet

ulje

ulei

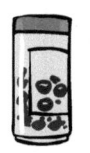

začini

condimente

kečap

ketchup

senf

muștar

majoneza

maioneză

supermarket
supermarket

ponuda
ofertă
FOR
klijent
client
mliječni proizvodi
produse lactate
voće
fructe
kolica za kupovinu
cărucior de cumpărături

BUTCHERS

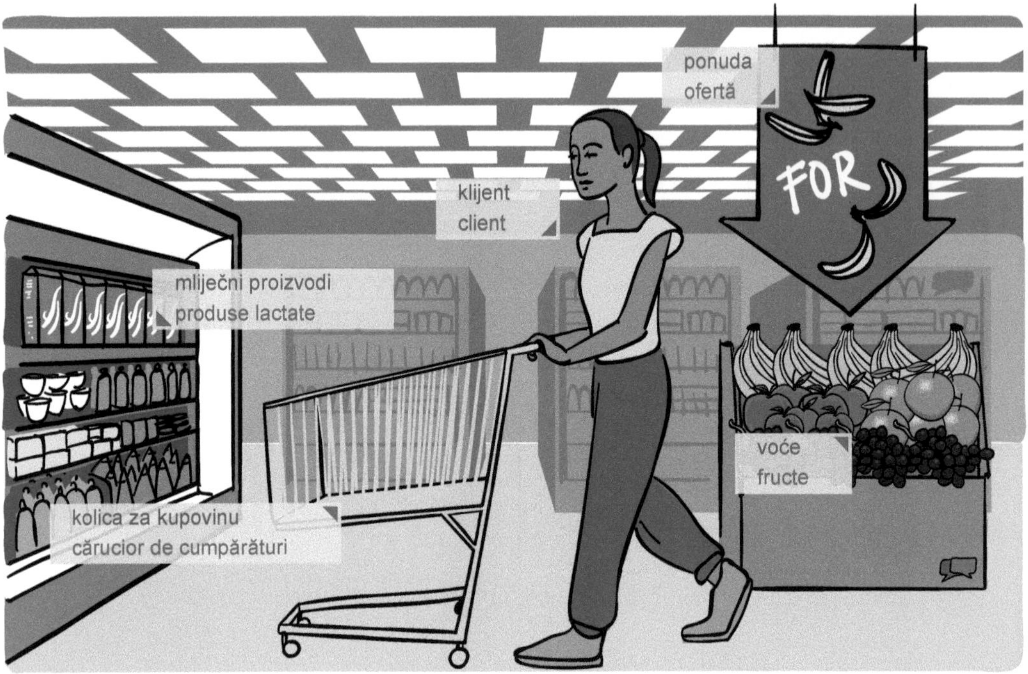

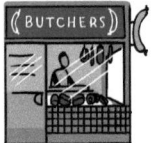

mesnica- klaonica

măcelărie

BAKERY

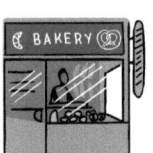

pekara

brutărie

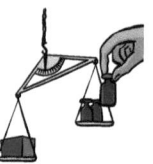

vagati

a cântări

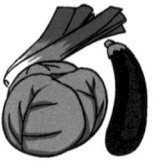

povrće

legume

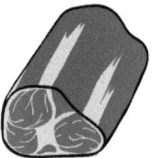

meso

carne

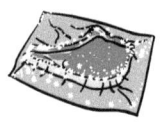

zaleđena hrana

alimente refrigerate

narezak

mezeluri și brânzeturi feliate

konzerve

conserve

prašak za veš

detergent

slatkiši

dulciuri

kućanski proizvodi

articole de menaj

sredstvo za čišćenje

produse de curățenie

prodavačica

vânzătoare

kasa

casă

blagajnik

casier

lista za kupovinu

listă de cumpărături

radno vrijeme

orar

novčanik

portmoneu

kreditna kartica

carte de credit

torba

geantă

najlonska vrećica

pungă de plastic

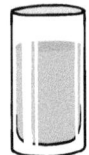

voda

apă

sok

suc

mlijeko

lapte

kola

cola

vino

vin

pivo

bere

alkohol

alcool

kakao

cacao

čaj

ceai

kafa

cafea

espreso

espresso

kapućino

cappucino

banana

banane

jabuka

măr

narandža

portocală

lubenica

pepene

limun

lămâie

mrkva

morcov

bijeli luk

usturoi

bambus

bambus

crveni luk

ceapă

gljiva

ciupercă

orašasti plodovi

nuci

pasta

paste făinoase

špagete

spagheti

riža

orez

salata

salată

pomfrit

cartofi prăjiţi

pečeni krompir

cartofi ţărăneşti

pica

pizza

hamburger

hamburger

sendvič

sandwich

šnicla

şniţel

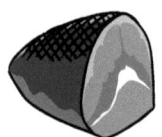

šunka

şuncă

kobasica

salam

kobasica

cârnaţi

kokoš

pui

pečenje

friptură

riba

peşte

zobene pahuljice

fulgi de ovăz

muzli

musli

kornfleks

cereale

brašno

făină

kroason

corn

zemičke

chifle

kruh

pâine

tost

pâine prăjită

keksi

biscuiți

maslac

unt

svježi sir

brânză de vaci

kolač

prăjitură

jaje

ou

jaje na oko

ouă ochiuri

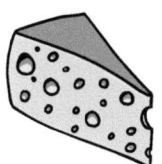

sir

brânză

sladoled

înghețată

šećer

zahăr

med

miere

marmelada

marmeladă

nugat krema

cremă nuga

kuri

curry

seosko imanje
gospodărie țărănească

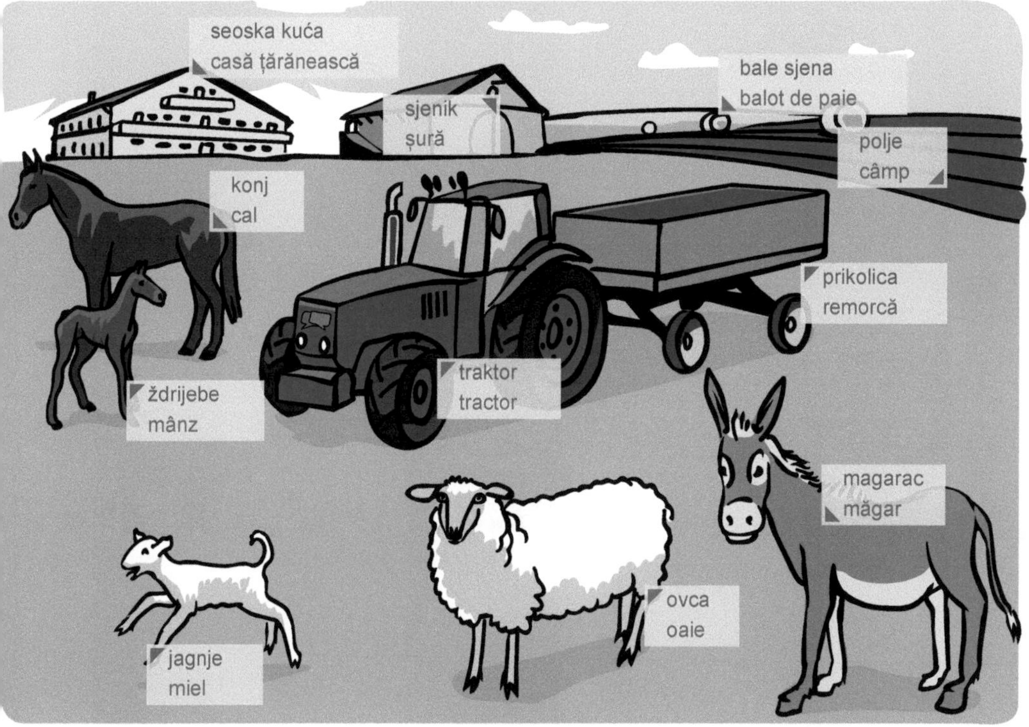
seoska kuća
casă țărănească
sjenik
șură
bale sjena
balot de paie
polje
câmp
konj
cal
prikolica
remorcă
ždrijebe
mânz
traktor
tractor
magarac
măgar
ovca
oaie
jagnje
miel

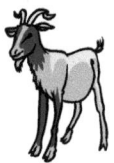

koza

capră

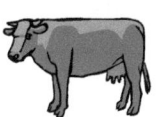

krava

vacă

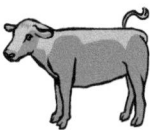

tele

vițel

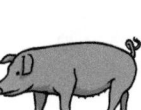

svinja

porc

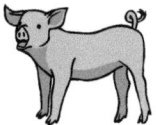

prase

purcel

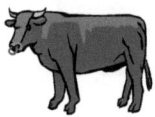

bik

taur

guska
—————
găină

patka
—————
rață

pile
—————
pui

kokoška
—————
găină

pjetao
—————
cocoș

pacov
—————
șobolan

mačka
—————
pisică

miš
—————
șoarece

vol
—————
bou

pas
—————
câine

pseća kućica
—————
cușcă

crijevo za baštu
—————
furtun de grădină

kanta za zalijevanje
—————
stropitoare

kosa
—————
coasă

plug
—————
plug

srp

secură

motika

sapă

vile

furcă

sjekira

secure

tačke

roabă

korito

troacă

bokal za mlijeko

cană pentru lapte

vreća

sac

ograda

gard

štala

grajd

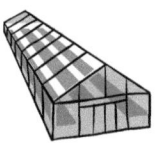

staklenik

seră

tlo

sol

sjeme

sămânță

đubrivo

fertilizator

kombajn

combină de treierat

kositi
a culege

žetva
recoltă

jam korijen
cartof yam

pšenica
grâu

soja
soia

krompir
cartof

kukuruz
porumb

uljana repica
rapiță

drvo voća
pom fructifer

manioka
manioc

žito
cereale

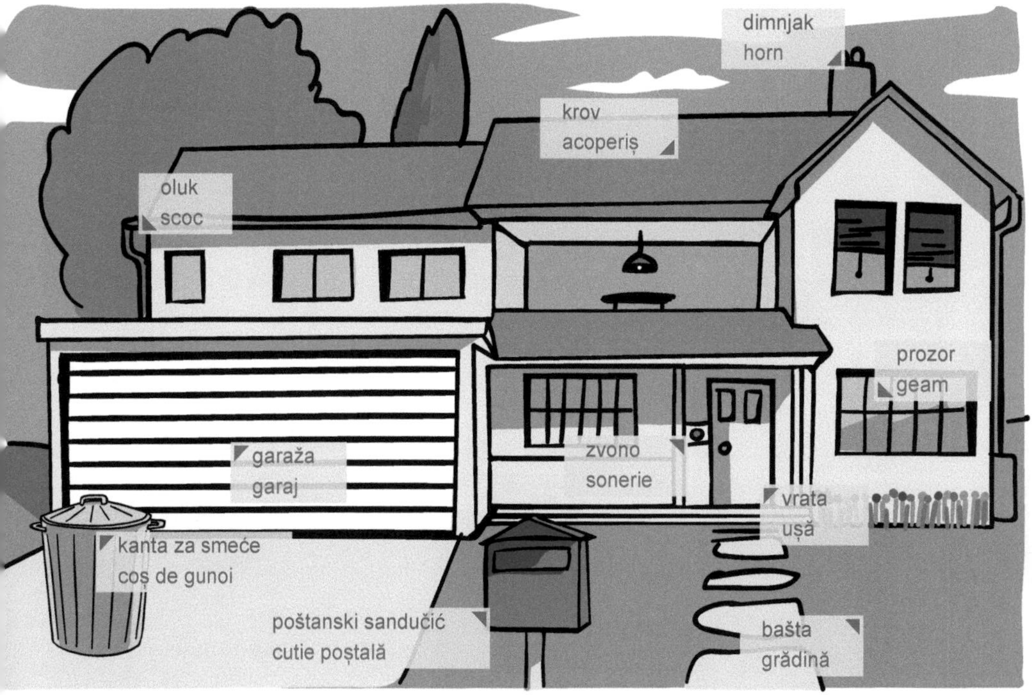

dimnjak
horn

krov
acoperiș

oluk
scoc

prozor
geam

garaža
garaj

zvono
sonerie

vrata
ușă

kanta za smeće
coș de gunoi

poštanski sandučić
cutie poștală

bašta
grădină

dnevni boravak
camerā de zi

kupatilo
baie

kuhinja
bucătărie

spavaća soba
dormitor

dječija soba
camera copiilor

trpezarija
sufragerie

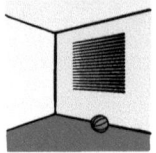

pod, tlo

podea

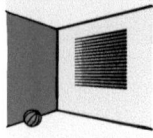

zid

perete

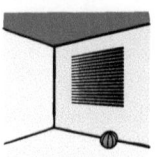

plafon

tavan

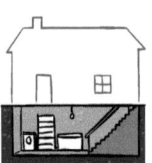

podrum

pivniță

sauna

saună

balkon

balcon

terasa

terasă

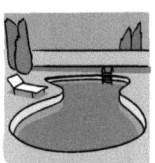

bazen

piscină

kosilica

mașină de tuns iarba

posteljina

cearșaf

pokrivač

cuvertură

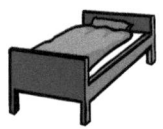

krevet

pat

metla

mătură

kanta

găleată

prekidač

întrerupător

dnevni boravak
cameră de zi

tapeta
tapet
fotografija
pictură
lampa
lampă
polica
raft
ormar
dulap
televizija
televizor
dimnjak
șemineu
cvijet
floare
jastuk
pernă
kauč
sofa
vaza
vază
daljinski upravljač
telecomandă

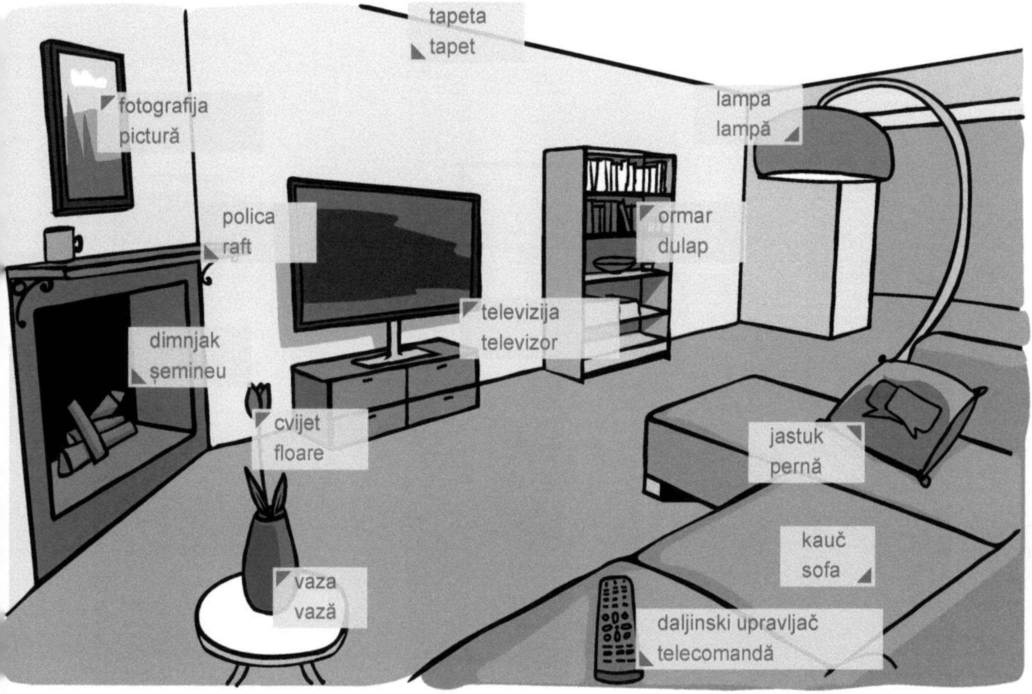

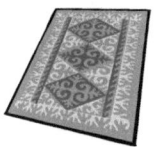

tepih
covor

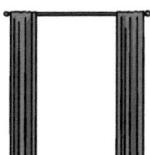

zavjesa
perdea

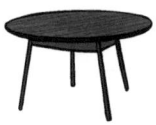

stol
masă

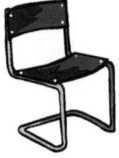

stolica
scaun

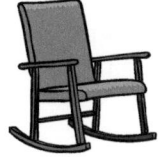

stolica za ljuljanje
balansoar

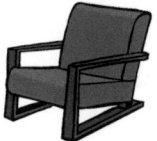

fotelja
fotoliu

knjiga

carte

deka

pătură

dekoracija

decoraţiune

ložno drvo

lemn de foc

film

film

stereo uređaj

instalaţie stereo

ključ

cheie

novine

ziar

umjetnička slika

desen

poster

poster

radio

radio

blok za bilješke

caiet de notiţe

usisavač

aspirator

kaktus

cactus

svijeća

lumânare

kuhinja
bucătărie

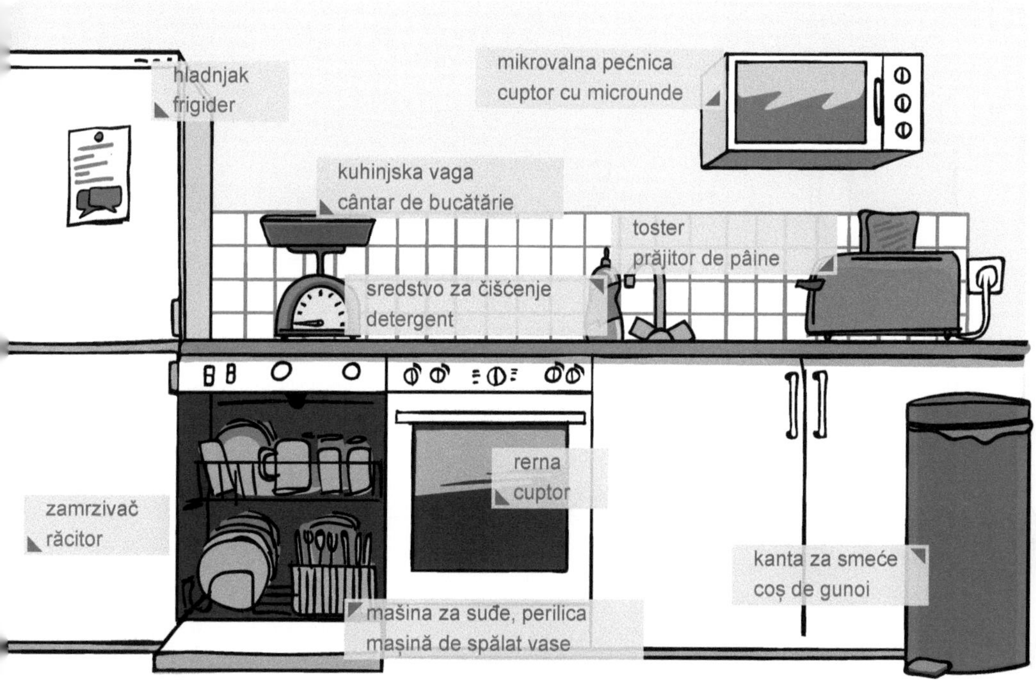

hladnjak
frigider
mikrovalna pećnica
cuptor cu microunde
kuhinjska vaga
cântar de bucătărie
toster
prăjitor de pâine
sredstvo za čišćenje
detergent
rerna
cuptor
zamrzivač
răcitor
kanta za smeće
coș de gunoi
mašina za suđe, perilica
mașină de spălat vase

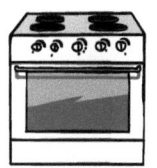

peć

cuptor

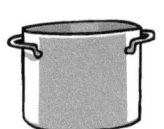

lonac

oală

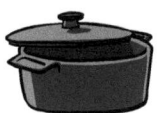

metalni lonac

oală de metal

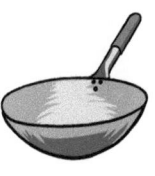

vok / kadai

wok/kadai

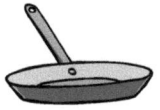

tava, tiganj

tigaie

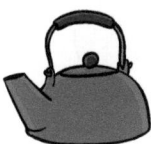

kuhalo

ceainic

aparat za kuhanje na pari

oală de gătit cu aburi

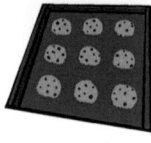

lim za pečenje

tavă de copt

posuđe

veselă

šalica

pahar

činija

bol

kineski štapići

bețișoare

kutlača

polonic

lopatica

spatulă

metlica za snijeg bjelanjca

tel

sito za kuhanje

sită

sito

sită

ribež

răzătoare

avan s tučkom

mojar

roštilj

grătar

ložište

loc pentru grătar

kuhinja - bucătărie

daska
toc─ător

oklagija
sucitor

vadičep
tirbușon

konzerva
conservă

otvarač za konzerve
deschizător de conserve

krpe za lonac
șervete termice

sudoper
chiuvetă

četka
perie

spužva
burete

mikser
mixer

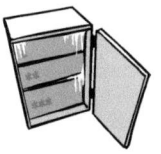

zamrzivač
ladă frigorifică

flašica za bebu
biberon

slavina
robinet

kupatilo

baie

grijanje
încălzire
peškir
prosop
tuš
duș
zavjesa za tuš
perdea de duș
pjenušava kupka
baie cu spumă
kada
cadă
čaša
pahar
mašina za veš
mașină de spălat
slavina
robinet
pločice
gresie
dječja kahlica
oală de noapte
sudoper
chiuvetă

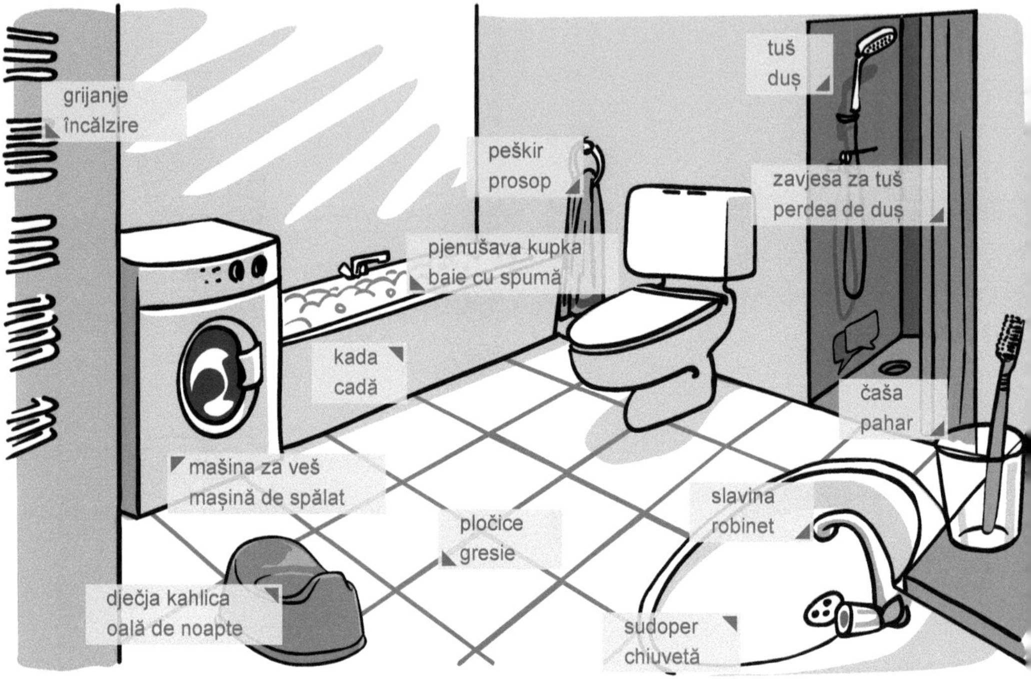

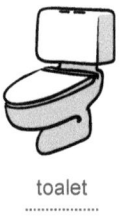

toalet

toaletă

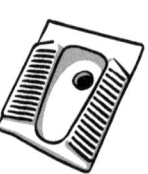

čučavac

toaletă turcescă

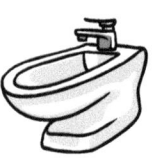

bide

bideu

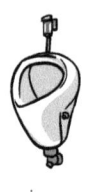

pisoar

pisoir

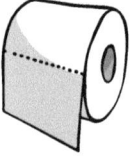

toalet papir

hârtie igienică

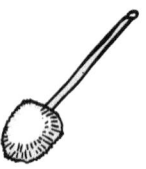

četka za wc

perie de toaletă

četkica za zube

periuță de dinți

pasta za zube

pastă de dinți

zubni konac

ață dentară

prati

a spăla

tuš

cap de duș

intimni tuš

duș intim

lavor

lavoar

četka za leđa

perie pentru spate

sapun

săpun

gel za tuširanje

gel de duș

šampon

șampon

krpe za pranje

cârpă de spălat

odvod

scurgere

krema

cremă

dezodorans

deodorant

ogledalo

oglindă

ogledalo za šminkanje

oglindă cosmetică

brijač

aparat de ras

pjena za brijanje

spumă de ras

vodica poslije brijanja

aftershave

češalj

pieptene

četka

perie

fen

uscător de păr

sprej za kosu

fixator

puder

machiaj

karmin

ruj

lak za nokte

lac de unghii

vata

vată

makazice za nokte

foarfece de unghii

parfem

parfum

kozmetička torbica

neseser

hoklica

taburet

vaga

cântar

kupaći ogrtač

halat de baie

rukavice za čišćenje

mănuși de cauciuc

tampon

tampon

uložak za dame

tampon

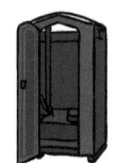

hemijski toalet

toaletă chimică

dječija soba
camera copiilor

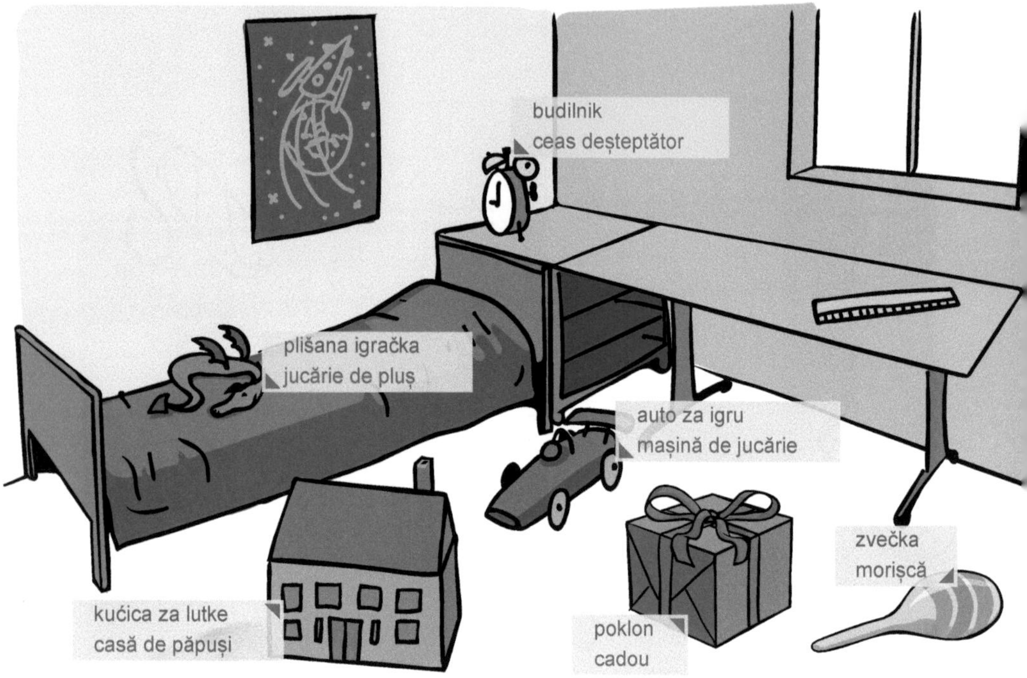

budilnik
ceas deșteptător
plišana igračka
jucărie de pluș
auto za igru
mașină de jucărie
zvečka
morișcă
kućica za lutke
casă de păpuși
poklon
cadou

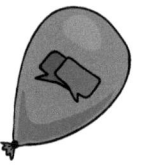

balon
balon

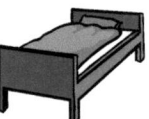

krevet
pat

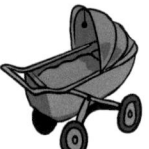

kolica za djecu
cărucior de copii

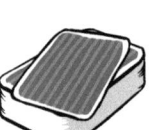

karte za igranje
joc de cărți

puzle
puzzle

SUPER MEGA

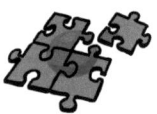

strip
revistă de benzi desenate

lego kockice

cuburi lego

kockice za gradnju

piese pentru construcții

akcione figure

personaj din filmele de acțiune

benkica

body

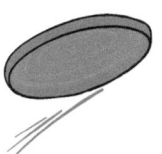

frizbi

frisbee

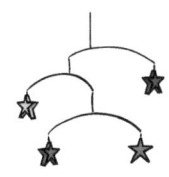

mobile

mobil

igra na ploči

joc de societate

kocka

zar

miniatura željeznice

set trenuleț de jucărie

cucla

suzetă

zabava

petrecere

slikovnica

carte cu poze

lopta

minge

lutka

păpușă

igrati

a se juca

pješćanik

groapă de nisip

ljuljačka

leagăn

igračke

jucării

konzola za igru

consolă video

triciklo

tricicletă

medvjedić

ursuleț

ormar

dulap

odjeća

îmbrăcăminte

kratke čarape

šosete

čarape

ciorapi

hulahopke

dres

šal
şal

kišobran
umbrelă

kaiš
curea

majica kratkih rukava
tricou

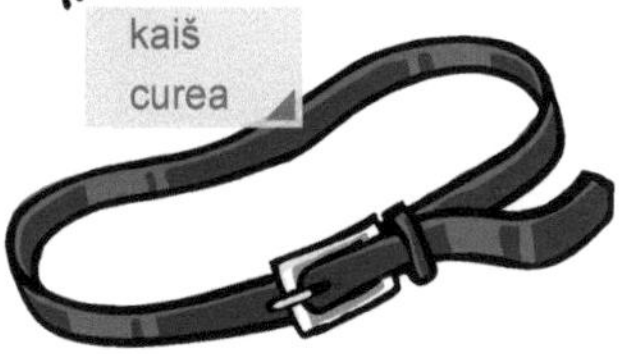

patike
pantofi sport

čizme
cizme

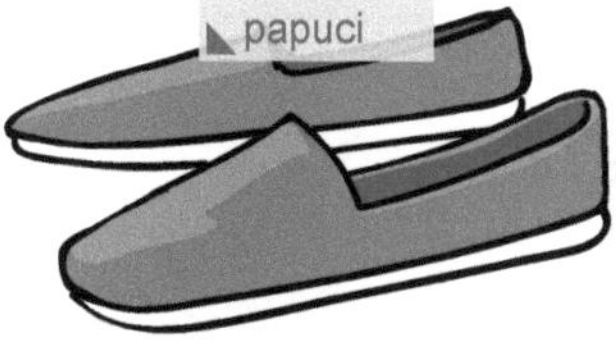

papuče
papuci

sandale
....
sandale

cipele
....
încălţăminte

gumene čizme
....
cizme de cauciuc

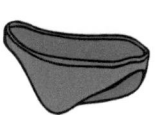

gaće
....
chilot

grudnjak
....
sutien

potkošulja
....
maiou

bodi
body

hlače
pantaloni

farmerke
blugi

suknja
fustă

bluza
bluză

košulja
cămașă

džemper
pulover

majica
jerseu

sako
sacou

jakna
jachetă

mantil
palton

kišni mantil
pelerină de ploaie

kostim
costum

haljina
rochie

vjenčanica
rochie de mireasă

odijelo
costum

spavaćica
cămașă de noapte

pidžama
pijama

sari
sari

marama
batic

turban
turban

burka
burka

kaftan
caftan

abaja
abaya

kupaći kostim
costum de baie

kupaće gaće
șort

kratke hlače
pantaloni scurți

trenerka
trening

pregača
șorț

rukavice
mănuși

dugme
....
nasture

naočare
....
ochelari

narukvica
....
brăţară

ogrlica
....
lanţ

prsten
....
inel

naušnica
....
cercel

kapa
....
căciulă

vješalica
....
umeraş

šešir
....
pălărie

kravata
....
cravată

patentni zatvarač
....
fermoar

kaciga
....
cască

tregeri za hlače
....
bretele

školska uniforma
....
uniformă şcolară

uniforma
....
uniformă

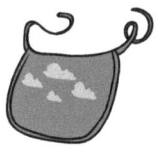

podbradak

baveţică

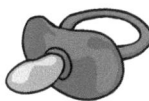

cucla

suzetă

pelene

scutec

ured

birou

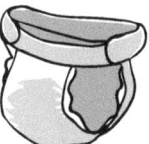

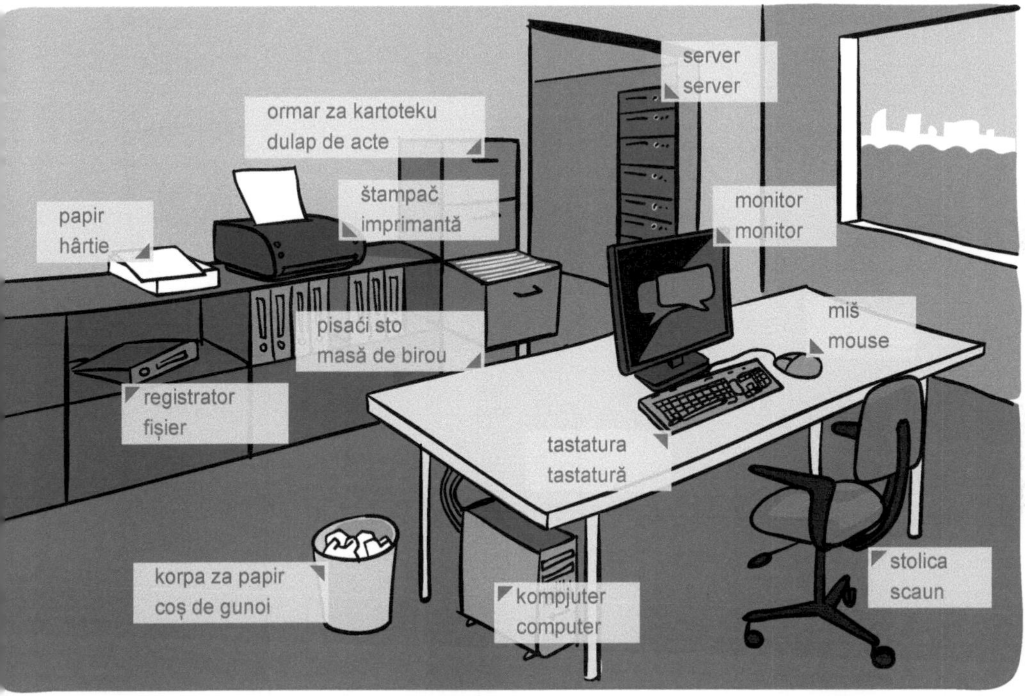
server
server
ormar za kartoteku
dulap de acte
papir
hârtie
štampač
imprimantă
monitor
monitor
miš
mouse
pisaći sto
masă de birou
registrator
fişier
tastatura
tastatură
korpa za papir
coş de gunoi
kompjuter
computer
stolica
scaun

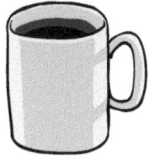

šolja za kafu

ceaşcă de cafea

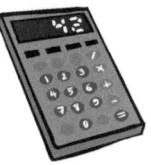

kalkulator

calculator

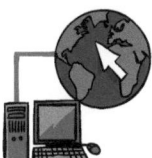

internet

internet

laptop
laptop

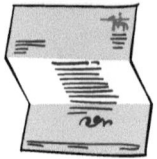

pismo
scrisoare

poruka
mesaj

mobilni telefon
telefon mobil

mreža
rețea

aparat za kopiranje
copiator

softver
software

telefon
telefon

utičnica
priză

faks
fax

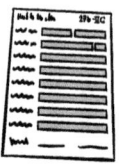

formular
formular

dokument
document

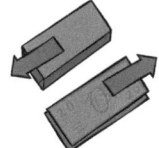

kupovati

a cumpăra

platiti

a plăti

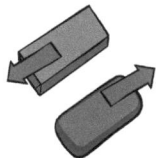

trgovati

a face comerț

novac

bani

dolar

Dolar

euro

Euro

jen

Yen

rublja

Rublă

franak

Franc Elvețian

renminbi jen

renminbi yuan

rupi

Rupie

bankomat

bancomat

mjenjačnica

casă de schimb valutar

zlato

aur

srebro

argint

nafta

petrol

energija

energie

cijena

preț

ugovor

contract

porez

impozit

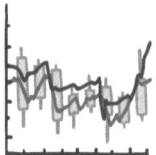

akcija

acțiune

raditi

a munci

službenik

angajat

poslodavac

angajator

fabrika

fabrică

radnja

magazin

policajac
polițist

vatrogasac
pompier

kuhar
bucătar

ljekar
medic

pilot
pilot

baštovan

grădinar

stolar

tâmplar

krojačica

cusătoreasă

sudija

judecător

hemičar

chimist

glumac

actor

vozač autobusa

șofer de autobuz

vozač taksija

șofer de taxi

ribar

pescar

čistačica

femeie de serviciu

krovopokrivač

tinichigiu

konobar

chelnăr

lovac

vânător

moler

pictor

pekar

brutar

električar

electrician

građevinski radnik

muncitor în construcții

inženjer

inginer

koljač

măcelar

limar, vodoinstalater

instalator

poštar

poștaș

vojnik

soldat

arhitekta

arhitect

blagajnik

casier

cvjećar

florar

frizer

frizer

kontrolor

controlor

mehaničar

mecanic

kapiten

căpitan

zubar

stomatolog

naučnik

om de știință

rabin

rabin

imam

imam

monah

călugăr

sveštenik

preot

alat
instrumente

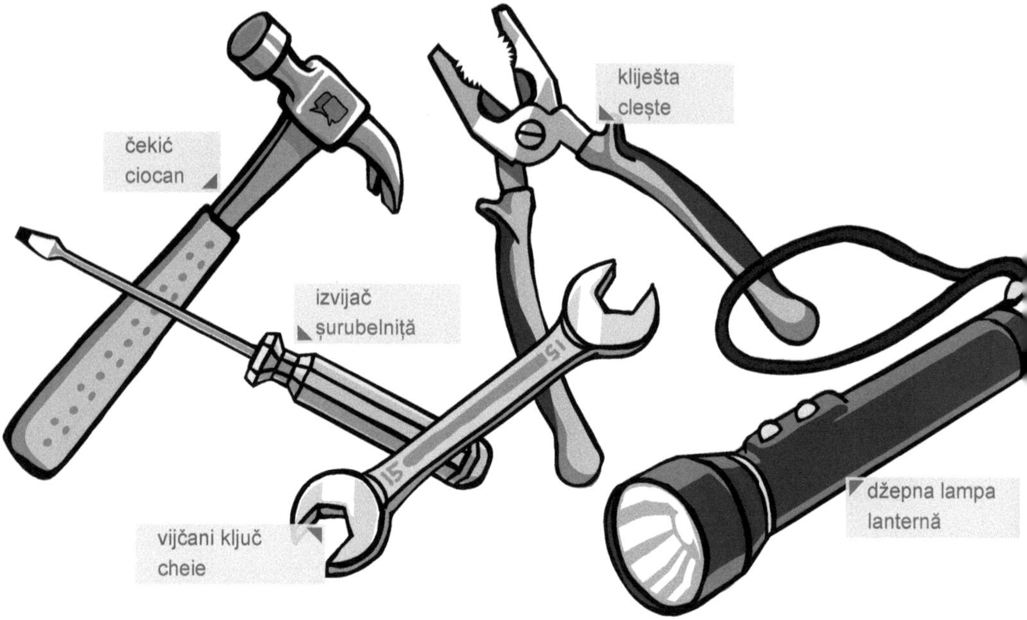
čekić
ciocan
kliješta
clește
izvijač
șurubelniță
vijčani ključ
cheie
džepna lampa
lanternă

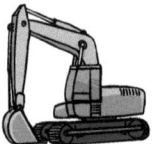

bager
excavator

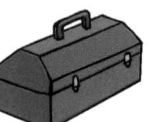

kutija sa alatom
cutie de scule

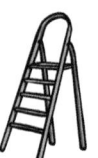

ljestve
scară

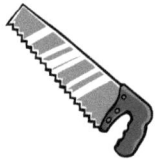

testera, pila
ferăstrău

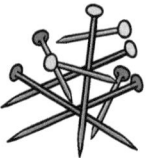

ekser
cuie

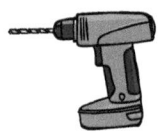

bušilica
burghiu

popraviti

a repara

lopata

lopată

sranje!

La naiba!

lopatica

făraș

kanta boje

vas pentru vopsea

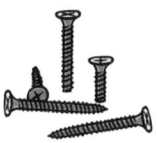

vijak

șuruburi

muzički instrumenti

instrumente muzicale

zvučnik
difuzor

bubnjevi
set tobe

gitara
chitară

kontrabas
contrabas

truba
trompetă

klavir

pian

violina

vioară

bas

bas

bubanj timpani

trombon

bubanj

tobă

sintisajzer

keyboard

saksofon

saxofon

flauta

fluier

mikrofon

microfon

muzički instrumenti - instrumente muzicale

zološki vrt
grădină zoologică

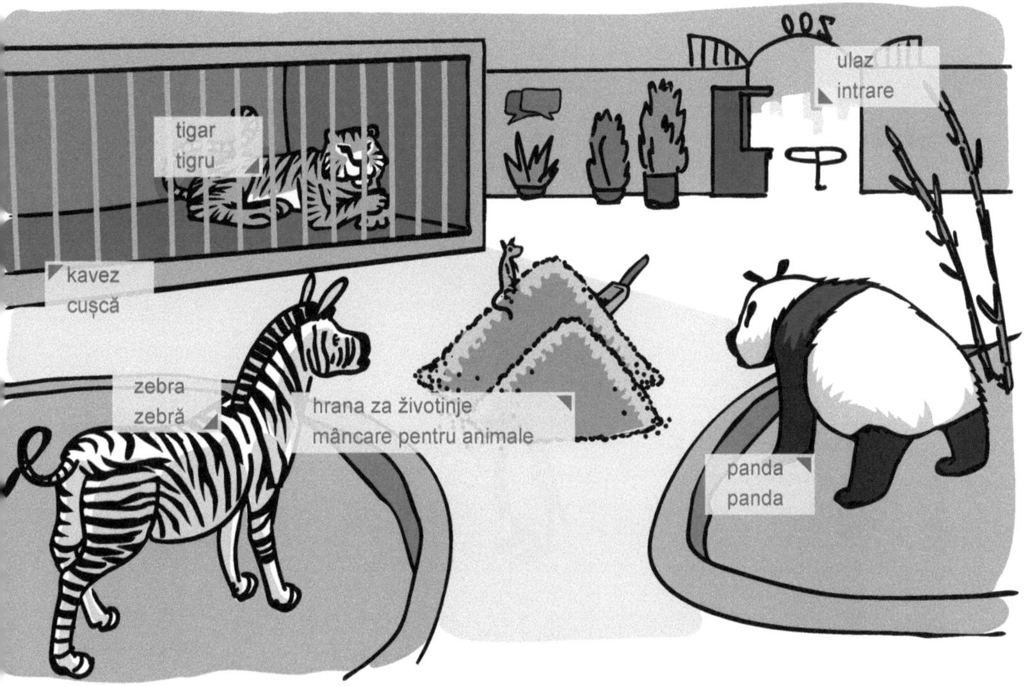
ulaz
intrare
tigar
tigru
kavez
cușcă
zebra
zebră
hrana za životinje
mâncare pentru animale
panda
panda

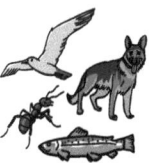

životinje

animale

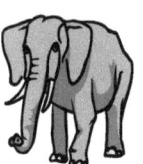

slon

elefant

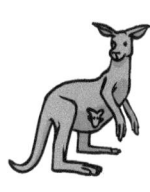

kengur

cangur

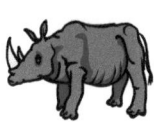

nosorog

rinocer

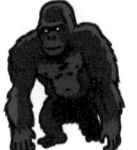

gorila

gorilă

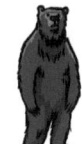

medvjed

urs

kamila

cămilă

noj

struț

lav

leu

majmun

maimuță

flamingo

flamingo

papagaj

papagal

polarni medvjed

urs polar

pingvin

pinguin

morski pas

rechin

paun

păun

zmija

șarpe

krokodil

crocodil

čuvar u zološkom vrtu

îngrijitor grădina zoologică

tuljan

focă

jaguar

jaguar

poni
ponei

leopard
leopard

nilski konj
hipopotam

žirafa
girafă

orao
acvilă

divlja svinja
porc mistreţ

riba
pește

kornjača
broască ţestoasă

morž
morsă

lisica
vulpe

gazela
gazelă

američki fudbal
fotbal american

vožnja bicikla
ciclism

tenis
tenis

košarka
basketball

plivanje
înot

boks
box

hokej na ledu
hockey pe gheață

fudbal	bedminton	laka atletika
fotbal	badminton	atletism
rukomet	skijanje	polo
handbal	schi	polo

skakati
a sări

zagrliti
a îmbrățișa

smijati se
a râde

ići
a merge

pjevati
a cânta

sanjati
a visa

moliti
a se ruga

ljubiti
a săruta

pisati
a scrie

crtati
a desena

pokazati
a arăta

gurati
a împinge

dati
a da

uzeti
a lua

imati
a avea

raditi
a face

biti
a fi

stajati
a sta în picioare

trčati
a fugi

vući
a trage

baciti
a arunca

pasti
a cădea

ležati
a sta întins

čekati
a aștepta

nositi
a purta

sjediti
a ședea

obući
a se îmbrăca

spavati
a dormi

probuditi
a se trezi

pogledati

a privi

plakati

a plânge

milovati

a mângâia

češljati

a se pieptăna

govoriti

a vorbi

razumjeti

a înțelege

pitati

a întreba

slušati

a asculta

piti

a bea

jesti

a mânca

pospremiti

a face ordine

voljeti

a iubi

kuhati

a găti

voziti

a conduce

letjeti

a zbura

aktivnosti - activități

jedriti
a naviga

računati
a calcula

čitati
a citi

učiti
a învăța

raditi
a munci

vjenčavti
a se căsători

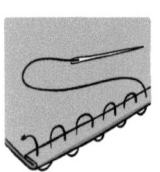

šiti
a coase

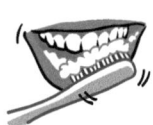

prati zube
a se spăla pe dinți

ubiti
a ucide

pušiti
a fuma

slati
a trimite

aktivnosti - activități

porodica
familie

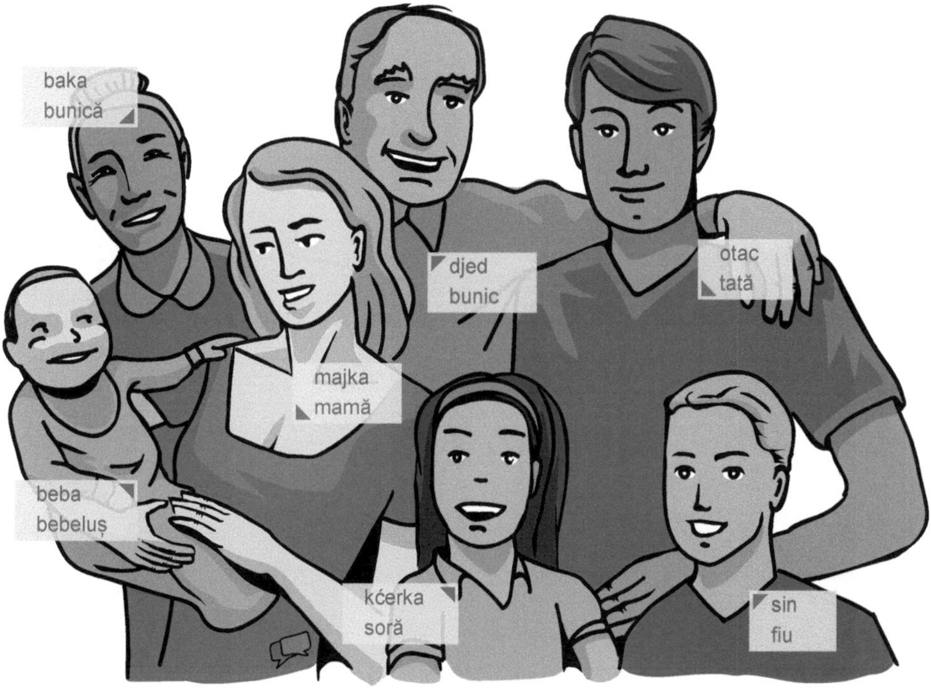
baka
bunică
djed
bunic
otac
tată
majka
mamă
beba
bebeluș
kćerka
soră
sin
fiu

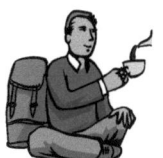

gost

oaspete

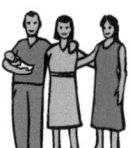

ujna, tetka, strina

mătușă

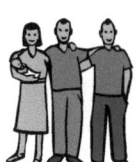

ujak, tetak, stric

unchi

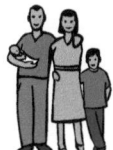

brat

frate

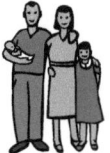

sestra

soră

tijelo

corp

čelo
frunte
oko
ochi
lice
față
brada
bărbie
grudi
piept
prst
deget
ruka, šaka
mână
ruka
braț
leđa
umăr
noga
picior

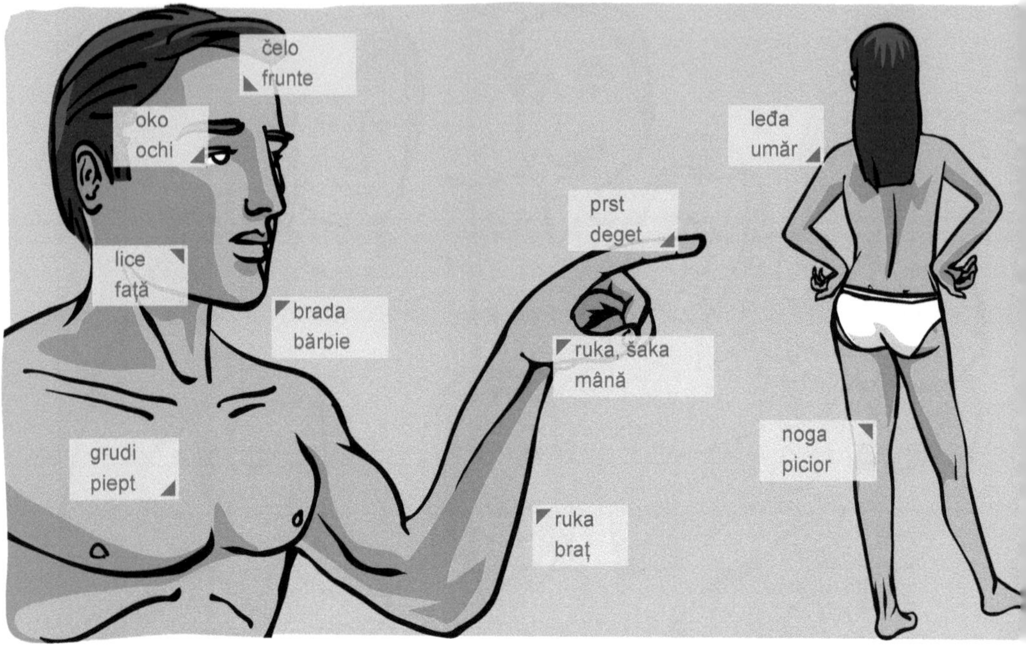

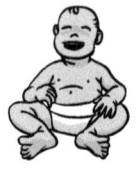

beba
bebeluș

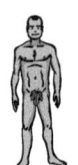

muškarac
bărbat

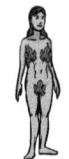

žena
femeie

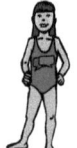

djevojčica
fată

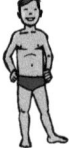

dječak
băiat

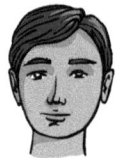

glava
cap

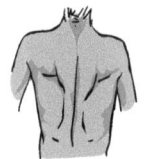

leđa

spate

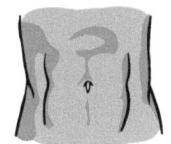

stomak

abdomen

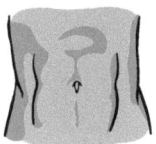

pupak

ombilic

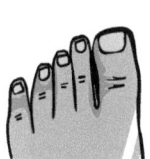

nožni prst

deget de la picior

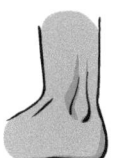

peta

călcâi

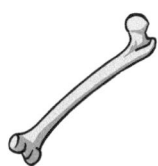

kosti

os

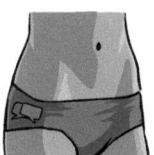

kuk

șold

koljeno

genunchi

lakat

cot

nos

nas

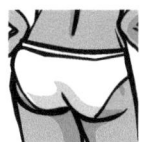

stražnjica

fund

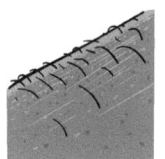

koža

piele

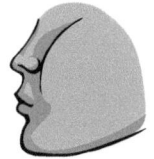

obraz

obraz

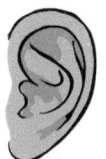

uho

ureche

usna

buză

usta

gură

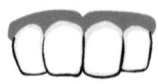

zub

dinte

jezik

limbă

mozak

creier

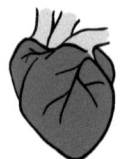

srce

inimă

mišić

muşchi

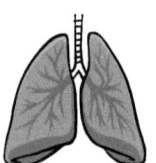

pluća

plămân

jetra

ficat

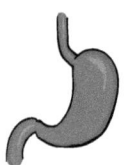

želudac

stomac

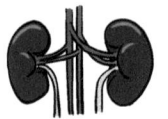

bubreg

rinichi

spolni odnos

sex

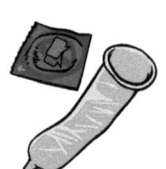

kondom

prezervativ

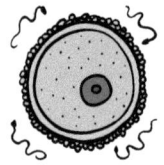

jajna ćelija

ovul

sperma

spermă

trudnoća

sarcină

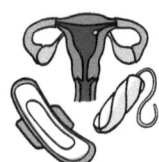

menstruacija

menstruație

vagina

vagin

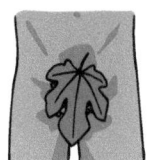

penis

penis

obrva

sprânceană

kosa

păr

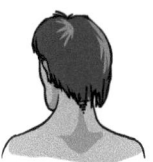

vrat

gât

tijelo - corp

bolnica
spital

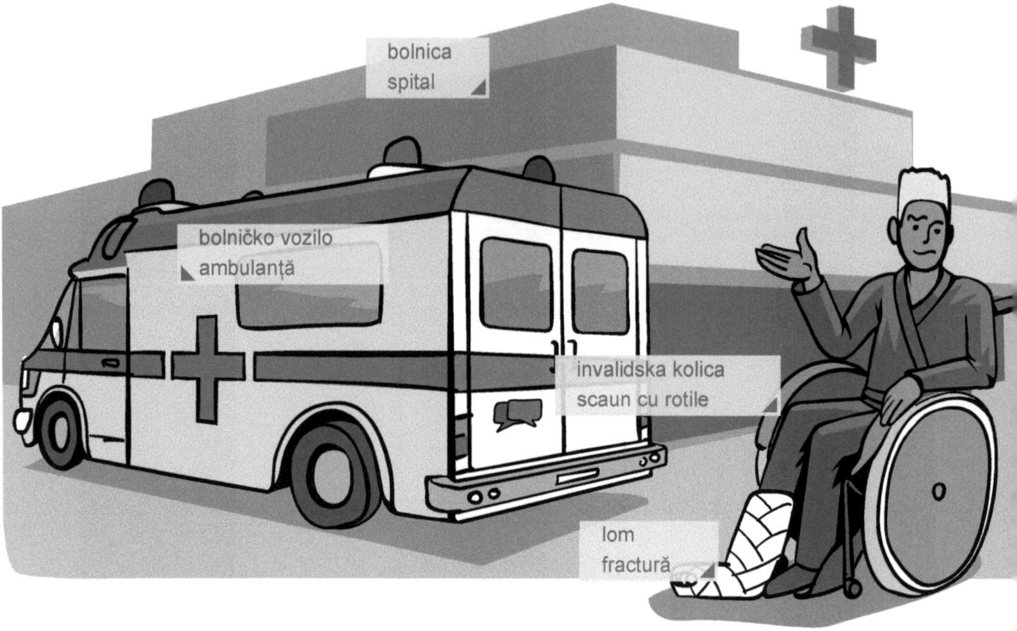

bolnica
spital
bolničko vozilo
ambulanță
invalidska kolica
scaun cu rotile
lom
fractură

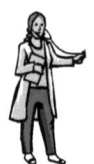

ljekar
medic

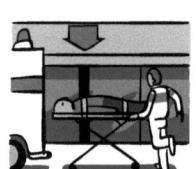

hitna služba
unitate de primiri urgențe

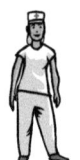

medicinska sestra
soră medicală

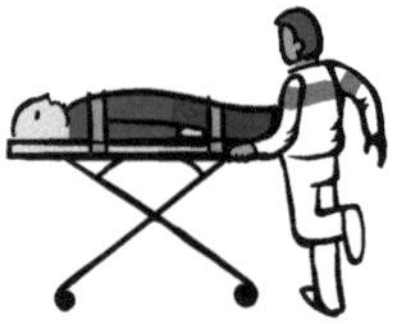

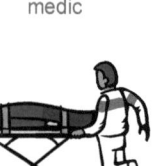

hitna pomoć
urgență

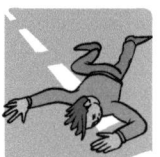

nesvjest
inconștient

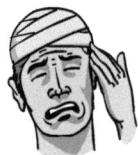

bol
durere

povreda

leziune

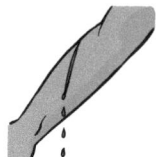

krvarenje

sângerare

srčani udar, infarkt

infarct miocardic

moždani udar

atac cerebral

alergija

alergie

kašalj

tuse

groznica

febră

gripa

gripă

proljev

diaree

glavobolja

durere de cap

rak

cancer

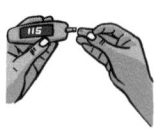

dijabetes

diabet

hirurg

chirurg

skalpel

scalpel

operacija

operaţie

CT
CT

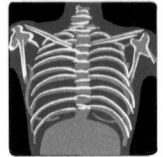

rendgen
raze Röntgen

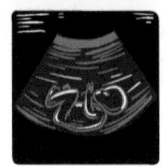

ultrazvuk
ultrasunet

maska
mască

bolest
boală

čekaonica
sală de așteptare

štake
cârjă

flaster
plasture

zavoj
bandaj

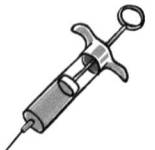

injekcija
injecție

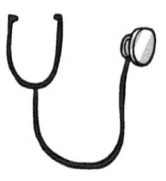

stetoskop
stetoscop

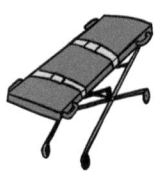

nosilo
targă

termometar
termometru

porod
naștere

prekomjerna težina, debljina
supraponderabilitate

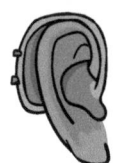

slušni aparat

aparat auditiv

sredstvo za dezinfekciju

dezinfectant

infekcija

infecție

virus

virus

HIV/ AIDS

HIV/SIDA

medicina

medicină

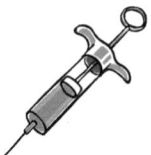

vakcinacija

vaccin

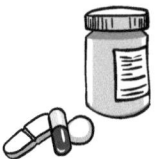

tablete

tablete

pilula

pastilă

hitni poziv

apel de urgență

aparat za mjerenje pritiska

aparat de măsurare a
presiunii arteriale

bolestan / zdrav

bolnav/sănătos

Upomoć!

Ajutor!

alarm

alarmă

napad, prepad

agresiune

napad

atac

opasnost

pericol

izlaz u slučaju opasnosti

ieșire de urgență

Požar!

Foc!

vatrogasni aparat

extinctor

nezgoda

accident

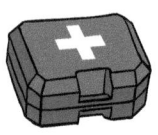

torba prve pomoći

trusă de prim-ajutor

SOS

SOS

policija

poliție

Europa

Europa

Sjeverna Amerika

America de Nord

Južna Amerika

America de Sud

Afrika

Africa

Azija

Asia

Australija

Australia

Atlantik

Altantic

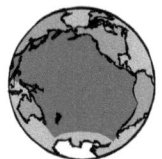

Pacifik

Pacific

Indijski okean

Oceanul Indian

Antarktički okean

Oceanul Antarctic

Arktički okean

Oceanul Arctic

Sjeverni pol

Polul Nord

Južni pol

Polul Sud

Antarktik

Antarctica

Zemlja

pământ

zemlja

țară

more

mare

ostrvo

insulă

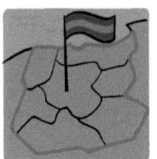

nacija

națiune

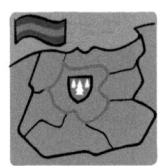

država

stat

brojčanik sata

cadran

kazaljka sata

orar

kazaljka minute

minutar

kazaljka sekunde

secundar

Koliko je sati?

Cât e ceasul?

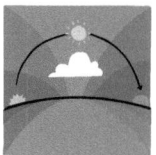

dan

zi

vrijeme

timp

sada

acum

digitalni sat

cead digital

minuta

minut

sat

oră

ponedjeljak
luni

srijeda
miercuri

petak
vineri

utorak
marți

subota
sâmbătă

četvrtak
joi

nedjelja
duminică

juče
ieri

danas
azi

sutra
mâine

jutro
dimineață

podne
amiază

veče
seară

radni dani
zile lucrătoare

vikend
week-end

godina

an

kiša
ploaie
duga
curcubeu
vjetar
vânt
snijeg
zăpadă
proljeće
primăvară
jesen
toamnă
ljeto
vară
zima
iarnă

4.APRIL 11°
5.APRIL 4°
6.APRIL 13°
7.APRIL 8°
8.APRIL 10°

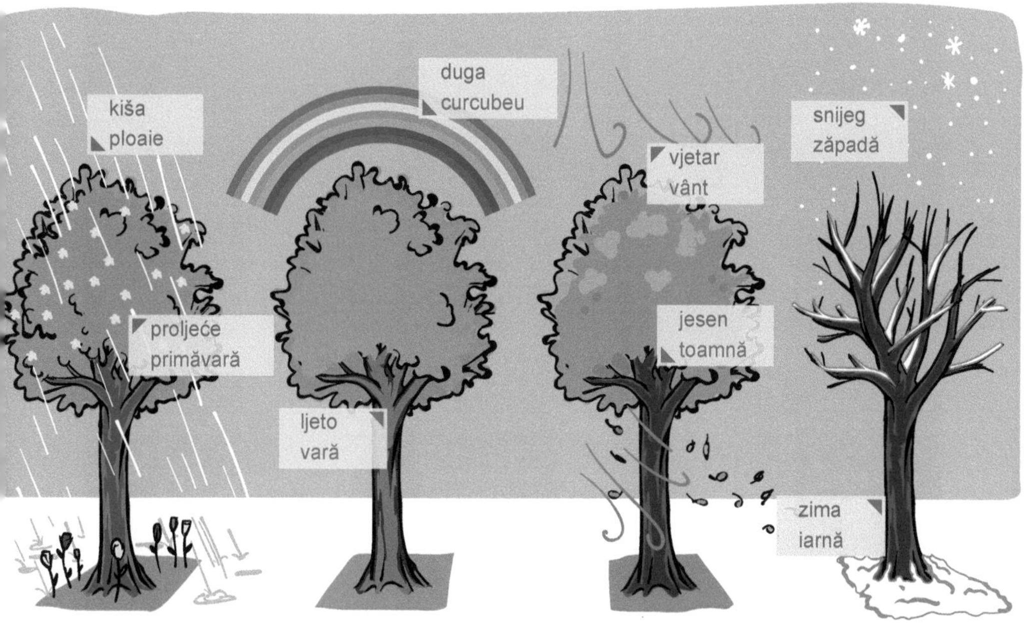

prognoza vremena

prognoză meteo

F
C
120
90
60
30
0
-30
40
30
20
10
0
-10
-20

termometar

termometru

sunčev sjaj

lumina soarelui

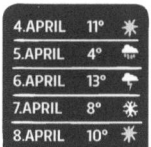

oblak

nor

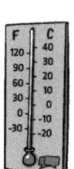

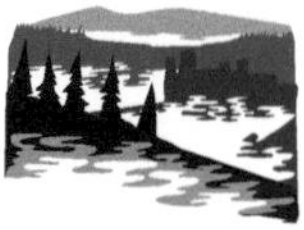

magla

ceață

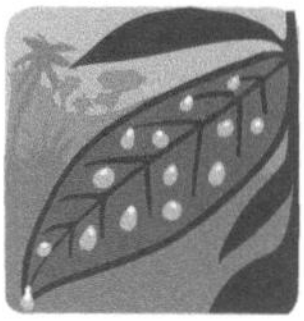

vlažnost vazduha

umiditate a aerului

munja

fulger

grom

tunet

oluja

furtună

tuča, led

grindină

monsun

muson

poplava

inundaţie

led

gheaţă

januar

ianuarie

februar

februarie

mart

martie

april

aprilie

maj

mai

juni

iunie

juli

iulie

avgust

august

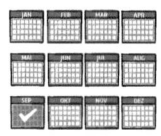

septembar
septembrie

oktobar
octombrie

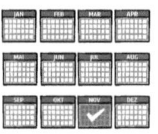

novembar
noiembrie

decembar
decembrie

oblici
forme

krug
cerc

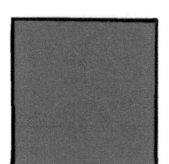

kvadrat
pătrat

pravougao
dreptunghi

trougao
triunghi

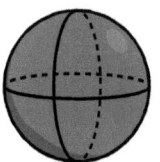

kugla
sferă

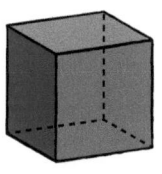

kocka
cub

bjel

alb

žut

galben

narandžast

portocaliu

pink

roz

crven

roșu

ljubičast

violet

plav

albastru

zelen

verde

smeđ

maro

siv

gri

crn

negru

malo / mnogo

mult/puțin

ljutit / miran

furios/calm

lijep / ružan

frumos/urât

početak / kraj

început/sfârșit

veliki / mali

mare/mic

svijetlo / tamno

luminos/întunecat

brat / sestra

frate/soră

čist / prljav

curat/murdar

potpun / nepotpun

complet/incomplet

dan / noć

zi/noapte

mrtav / živ

mort/viu

široko / usko

lat/strâmt

ukusno / neukusno

comestibil/necomestibil

zao / prijatan

rău/prietenos

uzbuđen / dosadan

emoționat/plictisit

debeo / mršav

gras/slab

najprije / najkasnije

primul/ultimul

prijatelj / neprijatelj

prieten/inamic

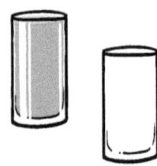

pun / prazan

plin/gol

trvd / mekan

tare/moale

težak / lagan

greu/ușor

glad / žeđ

foame/sete

bolestan / zdrav

bolnav/sănătos

ilegalan / legalan

ilegal/legal

inteligentan / glup

inteligent/stupid

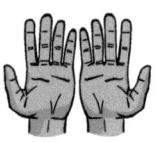

lijevo / desno

stânga/drepta

blizu / daleko

aproape/departe

nov / polovan

nou/uzat

ništa / nešto

nimic/ceva

star / mlad

bătrân/tânăr

uključeno / isključeno

pornit/oprit

otvoreno / zatvoreno

deschis/închis

tiho / glasno

încet/tare

bogat / siromašan

bogat/sărac

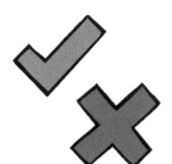

tačno / pogrešno

corect/fals

hrapav / glatak

aspru/neted

tužan / srećan

trist/fericit

kratak / dug

lung/scurt

spor / brz

încet/repede

mokro / suho

ud/uscat

toplo / hladno

cald/rece

rat / mir

război/pace

0

nula

zero

1

jedan

unu

2

dva

doi

3

tri

trei

4

četiri

patru

5

pet

cinci

6

šest

șase

7

sedam

șapte

8

osam

opt

9

devet

nouă

10

deset

zece

11

jedanaest

unsprezece

12

dvanaest

douăsprezece

13

trinaest

treisprezece

14

četrnaest

paisprezece

15

petnaest

cincisprezece

16

šesnaest

șaisprezece

17

sedamnaest

șaptesprezece

18

osamnaest

optsprezece

19

devetnaest

nouăsprezece

20

dvadeset

douăzeci

100

sto

o sută

1.000

hiljada

o mie

1.000.000

milion

un milion

engleski

engleză

american engleski

engleză americană

kinesko mandarinski

chineza mandarină

hindi

hindi

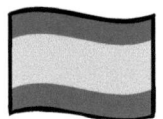

španski

spaniolă

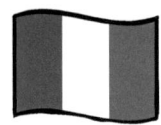

francuski

franceză

arapski

arabă

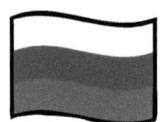

ruski

rusă

portugalski

protugheză

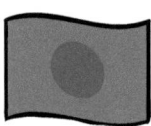

bengalski

bengaleză

njemački

germană

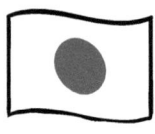

japanski

japoneză

ja
eu

ti
tu

on / ona / ono
el/ea

mi
noi

vi
voi

oni
ea

ko?
cine?

šta?
ce?

kako?
cum?

gdje?
unde?

kada?
când?

ime
nume

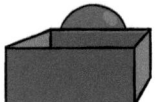

iza

în spate

u

în

pred

înainte

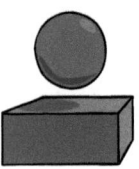

iznad

peste

na

pe

ispod

sub

pored

lângă

između

între

mjesto

loc